검정고무신 한 짝

검정고무신 한 짝

초판인쇄 | 2019년 12월 25일   **초판발행** | 2019년 12월 30일   **지은이** | 황인국
펴 낸 곳 | 빛남출판사
등록번호 | 제 2013-000008호
주소 | (48963)부산시 중구 보수대로 128(보수동 2가)
　　　　T.(051)441-7114   F.(051)244-7115   E-mail:wmhyun@hanmail.net

---

검정고무신 한 짝 : 황인국 시집 / 부산 : 빛남출판사, 2019
　(빛남시선 ; 124)

ISBN 979-11-88539-30-7 03810 : ₩10000

한국 현대시[韓國現代詩]
CIP2019051903

※ 이 도서의 국립중앙도서관 출판예정도서목록(CIP)은 서지정보유통지원시스템 홈페이지
(http://seoji.nl.go.kr)와 국가자료종합목록 구축시스템(http://kolis-net.nl.go.kr)에서
이용하실 수 있습니다.(CIP제어번호 : CIP2019051903)

＊본 도서는 2019년 부산광역시, 부산문화재단 지역문화예술 특성화지원사업으로
　지원을 받았습니다

빛남시선 124

검정고무신 한 짝

황인국 시집

빛남출판사

• 시인의 말

항시 시를 바라보고 열심히 걸었다.

긴 갈증의 여로 끝에 「검정고무신 한 짝」이란

둘째 자식을 낳을 수 있어 기쁘다.

지금 심정은 밥을 처음 지어보는 새색시처럼

물은 적당한지 쌀은 깨끗이 씻었는지

앞으로 꾸준히 노력하여 더 많은 사람들의

공감을 불러일으키는 글을 써 보고 싶다.

2019년 12월

황인국

자서 • 5

1부 / 복사꽃

동백꽃 • 15
3월이 오면 • 16
새싹 • 17
복수초 • 18
적모란 • 19
왕벚나무 • 20
복사꽃 • 21
꽃무릇 • 22
낙화 • 23
부추 • 24
꽃과 벌 1 • 25
꽃과 벌 2 • 26
서리꽃 • 27
겨울 나목 • 28
매실 • 29
반딧불이 • 30
종이배 1 • 31
종이배 2 • 32
백로 • 33
능소화 • 34

2부 / 벽창호

상주는 • 37
낙동강 • 38
삼백의 고장 • 39
고향별곡 • 40
은륜의 물결 • 41
옛 추억 • 42
외상장부 • 44
참깨를 털며 • 45
갈퀴질 • 46
미로의 산만디길 • 47
독도 • 48
강가에서 • 49
자갈치 아지매 • 50
검정고무신 한 짝 • 51
말 • 52
어서 돌아가야지 • 53
생각나고말고 • 54
간이역 • 55
백화산 • 56
벽창호 • 58

3부 / 담배꽁초

두더지 잡기 • 61
플라스틱의 공격 • 62
무죄 • 63
오래된 이발관 • 64
시끄러운 세상 • 65
뻥튀기 • 66
빗나간 화살 • 67
반려견 • 68
거미줄 • 69
설산에 묻고 • 70
장돌뱅이 • 71
바리케이드 • 72
사람이 무섭다 • 73
안락사 • 74
장애 • 75
숨비소리 • 76
담배꽁초 • 77
마중물 • 78
바람의 그림 • 79
흔적 • 80

4부 / 발자국

풍경소리 • 83
따뜻한 아랫목 • 84
정월대보름 추억 • 85
난을 치며 • 86
정자나무 그늘 아래 • 87
맷돌 • 88
빨래 • 89
지푸라기 • 90
단풍드는 내 얼굴 • 91
짧은 시 한 줄 • 92
전깃줄 오선지 • 93
그리운 우물 • 94
펌프질 • 95
국화차 • 96
발자국 • 97
병실에서 • 98
홍수 • 99
폐가 • 100
석송 • 102
바둑 • 103

5부 / 수화

첫사랑 • 107
사랑이란 • 108
사랑의 실패 • 109
반딧불 사랑 • 110
버려진 사랑 • 111
코리안 드림 • 112
늙음의 설움 • 113
사랑하는 딸에게 • 114
햇반 • 116
낙엽 한 장 • 117
수화 • 118
다림질 • 119
참기름 • 120
입춘 • 121
초여름 밤에 • 122
푸른 꿈 • 123
자벌레 • 124
잔소리 • 125
토정비결 • 126
황사 • 127

해설_삶의 애환과 서정 / 정진채 • 131

빛남시선 124
검정고무신 한 짝

1부

복사꽃

동백꽃

동백꽃이 피었다
겨우내 아린 눈물 삼키며
붉게 울다 떨어진
꽃들의 상처
안으로 삭힌 아픔
한숨이 뱉어 낸 꽃송이들
찰나의 순간 속에
짧은 생을 마감하고 있다

3월이 오면

3월이 오면
봄꽃같은 사람이고 싶다
따사롭고 사랑스런 꽃향을
바람에 실어
멀리 멀리
그대의 가슴에
전하고 싶다

새싹

봄이 오나 보다
노란 주둥일 내미는 개나리
겨우내 웅크린 몸
대지는 훈기가 오르고
동안거 끝난 스님
걸어 나온 신성한 발자국
찍어 둔 산자락마다
새싹들 쿵쿵 들리는
두 귀를 열고
봄의 뜨거운 혈관으로
새싹들의 합창소리 들린다

복수초

2월의 눈발을 딛고
무겁게 짓누른 가슴
바위를 밀쳐 내며
가랑잎 아래 꼬부렸던
노란 꽃눈을 연다

삼라만상에 깃든 찬 기운
뜨거운 가슴으로 밀며
저만치 오는 봄의 발밑
끈질긴 생명선

뿌리 깊은 수염들이
한 뼘이나 자라
힘찬 근육 씩씩하게
봄을 들어올리고 있다

적모란

4월의 정원에
붉은 치마 펼치는 여왕
적모란이 한창이다

선덕여왕의 옛말처럼
향기 없는 꽃이라고
벌 나비는 오지 않고
사람들의 시선을 받자
그 꽃에 새길이 생겼다

꽃들도 꽃길 주소에
문패나 걸고 산다면
향기를 나눠주는 집
꽃길의 주소로 편지나 할까

왕벚나무

겨우내 침묵하던 빈 가지
따뜻한 봄바람 부니
왕벚나무 꽃봉오릴 단다

토슈즈 발레리나
연분홍 치마 깨금발로
흥겹게 봄바람 탄다

온 겨울 느낌도 없이
아무런 미동도 없이
뭘 보여 주나 하였더니
정답게 보여줄 게 있다며
연분홍 손목을 잡아끈다

복사꽃

아들과 목욕탕엘 갔다
청춘에 힘이 남아도는지
얼마나 등을 빡빡 밀었으면
따갑고 쓰라린 통증에
밤잠을 못 이뤘다

정성껏 때를 민다는 것이
못난 애비에 대한
사랑의 표현이었을까
미움인지 고마움인지
등짝엔 때 아닌
복사꽃이 활짝 피었다

꽃무릇

선운사 가을 뜨락에
불꽃 같은 꽃이 피네

어긋난 운명의 잎과 꽃
꽃대가 지고 나니
칼날 같은 잎이 피네

서로 만날 수 없는
형벌을 감내하는 꽃
핏빛처럼 토하는 꽃의 전설이
가을을 숙연하게 하네

만나지 못하고 그리움만 키우는
애절한 사랑이
저렇게 고백하는 뜨락마다
사람들을 불러 모으니
만나지 못하는 애절함이
달빛처럼 그리움으로 번지네

낙화

연분홍 봄날이 가면
어디로 가는 길을
캐묻지도 않고
봄꽃들이 앞다퉈 진다

꽃들이 환생이라도 한 걸까
팔랑팔랑 나비처럼 오르는
먼 하늘 길
꽃은 혼불처럼 하늘을 난다

부추

봄비 한 단 내린
어머니의 작은 텃밭에
한 뼘이나 자랐구나

언제나 대역 죄인처럼
칼끝을 들이대도
주저없이 자라는 용기
호기롭게 땅을 밀고 올라오는
무수한 생명들

꽃과 벌 1

꽃 속에 숨어 든 벌 한 마리
어디에서 꿀을 찾나
잉잉 앵앵 앵앵 잉잉
날갯짓이 요란하다

꽃은 단내 나는
양식이 된 꿀주머니
어디다 꼭꼭 숨겼는지
지나가는 매운바람
꽃샘 뒤에서 깔깔깔거린다

꽃과 벌 2

꽃 속에
벌 한 마리 날아와
보이지 않는다

꽃 속에
벌 한 마리 날아가
보이지 않는다

꽃 속에는
꽃 뿐이다
향기도 꽃향기이다

서리꽃

기온이 하강하는 상강 절기
들국화 시드는 꽃잎에
하얀 눈물 테두리 두른
찬 서리 얼음꽃이 피네

맹렬하게 기어오르던
여름의 속도는 주춤해지고
초록 담쟁이 잎들이
붉게 물들어가고
하얀 입김 불어가며 아버지
등짐 지고 오가던 옛길
겨울 나그네가 오고 있네

겨울 나목

나뭇잎 무성함 다 떨구고
앙상하게 야윈 나목의 그림자
채찍을 치는 바람 찬
혹한의 계절을 지나
생의 자리에 묵묵히 서있다

허허로운 산울림마저
하얀 폭설에 갇혀
여백에 비친 그림자
슬픈 고독을 참아 내며
면벽의 동안거에 든
깡마른 선승처럼 꼿꼿하다

매실

매화꽃 후두둑 지고 나니
봄의 절반은 가버리고
상실한 봄을 잃고
우울하던 어느 날
새순 뻗는 가지 사이
초록 이슬이 맺혔다
떠나고 난 눈물자리
어느새 매실은 영글어
텅 빈 자리를 메우고
사람들은 수확하는 기쁨으로
살아가는 즐거운 결실도 있어
그렇게 고단함도 잊었나 보다

반딧불이

우리집 베란다엔
반딧불이가 살고 있다

어두운 밤
흡연이 싫은 식구들을 피해
청정지역 등불같이 깜빡인다

콘크리트 빌딩
회색의 숲 사이에 날아와
밤이 늦도록 반짝인다.

종이배 1

유속이 느린 시냇물에도
늘 불안한 종이배

동서남북 나침반도
저어 갈 돛대도 삿대도 없이
무작정 망망대해의 세상 밖에서
어디로 떠밀려가지나 않을런지

거친 여울목을 만나
난파된 상상에 시달림을 앓으며
애처로운 마음으로 차마
멀리 떠나보내지 못하고
내 무릎 아래 맴도는
작은 종이배

종이배 2

두둥실 물결 타고
먼 바다로 꿈을 싣고
동심의 어린아이처럼
색종이 배를 접어
강물 속에 놓아 보네

헤적헤적 물살을 건너며
얼마큼 너를 데려다줄까
물굽이 산굽이 놓아버린
소용돌이 속으로 빨려들어
어느 풀숲에 앉았을까

물가에 두고 온 아이처럼
종이배 두고 오던 강가
자꾸만 뒤돌아보네

백로

겨울 살얼음 덮어 오는
연당에 마른 연 줄기들이
이리저리 구부러져 있다

그 사이에서
물고기를 사냥하는
한 마리 백로가
조용히 굽어보다
물음표 같은 목울대로
먹잇감을 콕 집어올린다

능소화

초여름 초록 빗소리
어울렁 더울렁 섞이던
고대광실 지체 높은
양반가 울타리에
주홍빛 꽃이 핀다
님 오실 담장 밖을
밤늦도록 내다보던
긴 기다림은 길어지고
바람에 뚝 떨어진
궁녀의 눈물
목숨 꽃 붉던 자리에
능소화 피고 진다

2부

벽창호

상주는

내 고향 상주는
우리의 텃밭이요
보금자리입니다

내 고향 상주는
어머니의 품속처럼
푸근하고 든든한 안식처입니다

내 고향 상주는
우리의 맥박 속에
늘 그리움으로 살아 숨쉬는
내 삶의 심장입니다

내 고향 상주는

낙동강

물의 시원 강원도 황지 연못에서 발원된
거대한 용틀임으로 흐르는 강
나룻터 뱃사공의 뱃노래
오고가던 주막집
옛 길손은 간 곳 없고

노을빛 붉은 일몰이 머무는
갈꽃 서걱거리는 은빛 모래톱
철새들 울음 섞인 날갯짓 사이로
합류하는 느린 유속의 바다에서
마침내 이르고 이르는
장엄한 만남의 눈빛들로
흘러온 힘줄 낙동강

거대한 바다와 춤추며
은비늘 하얀 물결로 파닥인다

삼백의 고장

옛 신라와 백제의 경계
서쪽으로 소백산이 높고
동으로 낙동강이 휘돌아 나가고
상주평야를 질주하는
자전거를 즐기는
삼백의 고장 상주는
곶감 쌀 누에고치
세 가지가 특산품이다
질 좋은 쌀과 고운 실크
가을이면 주홍빛으로
주렁주렁 휘어져 열린 감
호랑이도 무서워했던 곶감이
감 타래에 젤리처럼 걸려
말랑말랑해지는 단맛이 돌고
얼었다 녹는 건조와 숙성
하얀 꽃분 바른 곶감은
그 옛날 나랏님께 올리던 진상품이다

고향별곡

초저녁 별 돋아나듯
심지를 올리는 추억들이
곰곰이 찾아와
그리워지는 가을밤이다

억새머리 반백의 세월에
주름살이 늘어가고
목청도 쉬어버린
늦가을 같은 바람소리
구수한 사투리로 재잘거리던
고향 동무들이 그리워진다

손을 넣으면 아직도
어머니의 품처럼 따뜻한
그리운 아랫목

은륜의 물결

자전거 축제가 열리는 상주
자연을 배경 삼아
은륜의 물결이 들판을 누빈다

구릿빛 근육질에 페달을 저으며
오르막길에 내뿜는 역동적인 힘
스릴 넘치는 내리막길의 질주

과속의 차선을 넘나드는 현대인에게
평화스럽게 굴러가는 친환경 교통수단
자전거 그 느림의 미학으로
삶의 여유를 생각하게 한다

옛 추억

여름날 고향집에 돌아가
말매미 소리 시원한 들청마루
까까머리 소년으로 돌아가고 싶은
어린 여름날이 아련하다

따가운 여름 햇살에
까맣게 몸이 그을린 고추친구들과
멱감다 배고프면 수박 서리 참외 서리
밭주인 몰래 도망치던 동심은
천방지방 메뚜기 잡던 논두렁에서
팔딱팔딱 뛰어가던
장난감 개구리 놀리던 추억
키 큰 미루나무가 서 있는
소달구지 덜컹거리던 신작로 길 아래
강심 얕은 수풀 사이 밟아가며
고기떼 쉬쉬쉬 몰아가다
쪽대로 들어올리던 메기나 붕어

즐거운 여름방학
강 아래 다슬기 잡던 누이들
시냇물 소리처럼 맑던 웃음소리
반딧불처럼 날아오른다

외상장부

당장 쓰러질 듯 위태롭게 서 있는
흙집 주막 벽체에
부지깽이로 하나하나 금을 그어
빼곡히 표시한 외상장부
주모는 글을 몰라
김씨는 한 줄 박씨는 두 줄
한 잔을 외상하면 짧은 금을 긋고
한 주전자를 외상하면 긴 금을 세로로 그었다

보릿고개에 마신 술
가을추수에나 갚는 외상값
빛바랜 세월 주막 벽체엔
취기 어린 화색들 고스란히 남아 있다

참깨를 털며

부지깽이도 바쁜
시골집 마당에
마른 참깻단을 세워 놓고
참깨를 턴다

톡톡 막대기로 치는 소리
할머니를 털고
아버지를 털고
어머니를 털고
대대로 물려받은
자식 사랑하는 마음
기름진 참깨처럼 쏟아진다
참으로 오랜만에 때려보는
고소한 매 타작의 즐거움

갈퀴질

마른 낙엽처럼 바스락거리는
추억의 정원을 찾아
우수수 떨어져 내린
나뭇잎을 긁어 모운다

갈퀴질에 모여드는
아름답고 행복했던 기억들
쓸쓸하고 외로웠던 일도
산처럼 긁어 모아
모두 태우는 어느 가을날

눈물 같은 매운 연기가
허공으로 날아오른다

미로의 산만디길

조잡한 약도 한 장 손에 들고
산만디를 오른다
좁은 골목 가파른 산비탈을 따라
이 골목 저 골목으로 들어서면
한결같은 지붕과 담들
판에 박힌 듯한 골목들

구멍가게를 돌아 낡은 이발관을 지나
어디쯤 왔겠지 하고 생각하면
다시 그 골목인 산동네

나는 엉클어진 길들을 풀기 위해
꼬깃꼬깃 구겨진 약도를 다시 펼친다

작고 미묘한 골목들이
빠져있는 그 약도는
마치 오답의 길만 그려진
미로 같은 산만디길

독도

조국의 핏방울이 튀어
한 점 혈육으로 남은 섬

동해의 변방에서
영원히 반짝이는 별

누가 감히 넘보는가
푸른 기억 선명한
우리 땅 독도를

강가에서

봄을 찬양하던 노래들이
기척도 없이 사라지고
어느새 흘러간 세월의 모퉁이에
코스모스가 지고 나면
첫눈 흩날리는 날이 오겠지

강물은 자꾸만 하류로 흘러가고
나는 어디로 흘러가는가
홀로 강가에 나와
강물의 흐름을
하염없이 바라본다

자갈치 아지매

자갈치 아지매들의 삶의 현장인
자갈치 시장에 가면
비린내가 먼저
코 끝으로 마중나온다

평생을 비린내 나는
파도의 의자에 걸터앉아
동고동락한 자갈치 아지매

억세게 살아온 세월
화풀이라도 하듯
꽁꽁 언 명태 상자를 패대기치며

오이소 보이소 사이소를 외치는
비늘꽃 반짝이는 앞치마가
전쟁터 갑옷처럼 당당하다

검정고무신 한 짝

송사리와 붕어 떼가
물장구치던
어린 강가에서
종이배 띄우고 놀던 시절
강물에 떠내려 보낸
검정고무신 한 짝

어느 강가에
물결 따라 흘러 살다
수초 사이 푸른 지느러미
물고기 집 되었을까

다시 가버린 날들처럼
내게 돌아오지 않는
꿈처럼 잠들었을까

강물에 떠내려 보낸
내 검정고무신 한 짝

말

내가 뿌린 말의 씨앗들은
어디에서 싹트고 있을까

내가 뿌린 말의 씨앗들은
어디에서 꽃 피고 있을까

바람 타고 날아다니는 말들이여
구름 타고 떠다니는 말들이여

향기로운 꽃으로 피게 하소서
차가운 영혼으로 떠돌지않게 하소서

어서 돌아가야지

어서 돌아가야지
돌아가서 편안히 쉬고 싶다
지친 발목을 쉬게하고
시린 손발을 데우며
객지의 서러움과
가슴 속에 박힌 한스러움과
열등감에 억울했던 고독까지도
고향 집 아랫목에 녹여내고 싶다
어서 돌아가야지
어서 돌아가야지

생각나고말고

향우회 정기총회 날
알 듯 말 듯한 친구를 만났다

기억의 안테나를 세우고
함께 다녔던 초등학교를 들추어내고
코흘리개 친구들의 이름을 떠올리며
한참을 어두운 골목에서 헤매는데

그제서야 친구가 아무개라며
자신의 이름을 밝힌다

기억이 나느냐고
나고말고
하마터면 영영
못 볼 뻔한 친구야

간이역

처음에 설렘으로
수줍게 다가와서
그리움이 자라는 사랑의 꽃
한동안 머물다 향기롭다가
울다 지쳐버린 슬픔에
상처만 남은 통증이다가
떠나버린 이별 즈음
기다림도 기적처럼 멀어지는
세월을 머리에 이고 선
오래된 간이역

백화산

한성봉 흘러내린 돌무더기가
꼬리를 치켜올린
호랑이 형상으로 포효하는
백화산이 반야사를 품고
만경대 아래 흘러가는
팔탄여울 물굽이 구수천을 따라
병풍을 두른 난가벽 물소리
흘러가는 세월처럼 요란하다
신라 말기의 유명한 악공이
나라의 멸망을 한탄하며
거문고를 타며 울었던 곳
임천석의 충절이 서린 임천석대
옛 풍류 높고 낮은 물소리
금강으로 흘러간다
세심석 쉼터에서 마음을 씻고
백옥정에 훠이훠이 올라보면
청백리 황희정승 덕행을 기리는 옥동서원에

어진 행적을 더듬어 가던 바람이
옛 고서를 들추어 본다

벽창호

미련하고 고집이 센 사람을
빗대어 벽창우라고 하는데
소처럼 우직한 그 고집스러움에
벽을 치고 담을 쌓는
이웃들이 생겨나니

세상과 화해하는
숨통 트이는 창문 하나
보란 듯이 달아 놓고
소통하며 살고 싶다

3부
담배꽁초

두더지 잡기

하루의 일과를 끝내고
술 한잔 걸치고 집으로 가는 길
쏙쏙 머리를 내미는
얄미운 두더지를 잡는다

갑의 지시와 막말에도
대들지도 못하는 을의 위치
상사로부터 받은 스트레스를
애꿎은 두더지에게 분풀이하며
울분을 한방에 날린다
뽕뽕 망치를 휘두르며

플라스틱의 공격

편리하고 이용하기 쉬운 일상의 용기들
가재도구의 혁명이라 불리던
플라스틱 제품이
쉽게 바다에 버려져
쓰레기 공해로 반격이 시작된 요즘이다

플라스틱 가루를 먹이로 착각하는 물고기들
플랑크톤처럼 떠다니는 심해
바다 물고기들을 죽음으로 내몬다

플라스틱 홍수시대
죄의식 없이 마구 버리는 양심
비난의 목소리가 높아가는 요즘
서서히 죽어가는 지구촌을
살리는 일이 인간의 당면 과제다

무죄

술벗들과 오랜만에 술집에서
가슴이 깊게 파인 여인이 따라주는
뜨거운 술잔을 받는다

졸라 맨 벌의 허리
기울어진 술병 사이로
보일 듯 말 듯한
희고 둥근 가슴이
두 눈을 현혹한다

보란 것도 아니었는데
몰래 쳐다본 내가 잘못인가
보여준 네가 잘못인가
나는 무죄요 무죄

오래된 이발관

세월도 잊어버린 삼백의 표시등이
오늘도 그 자리를 지키고 있는
이발관 안으로 들어서면

손때 묻은 이발 도구들
반들반들한 세월의 흔적이
이발관과 함께 늙어간다

느릿느릿한 가위질
턱수염엔 하얀 비누거품이 일어나고
사각사각 부드러운 면도날이 춤추며
파란 물조리개가 머리를 씻겨낸다

삶의 고단함을 풀어내던 라디오에서
유행가가 흘러나오고
추억을 깎는 허름한 이발소에서
오늘도 무심한 세월을 다듬고 있다

시끄러운 세상

놀부가 큰소리치고
윤리 도덕이 사라진
개 같은 세상
모든 것에 음양이 없다

우는데 웃어야 하고
속고 속이는 세상
남과 북 동과 서

목소리들이 시끄럽다
서로 옳다고 주장하는
정치판의 진흙탕 싸움
판단의 옳고 그름
지각있는 사람들이
비판의 눈으로 응시하고 있다

뻥튀기

돌아가는 무쇠솥에
열을 채우면 스스로
토해내는 튀밥처럼
분노를 조절하는 기계

뻥이요 터질 때마다
깜짝 놀라는 장터
군밤 아저씨 모자 빌려 쓰고
세상 기쁨과 행복들
모두 뻥튀기하고 싶다

아무런 근거 없이
부풀려진 헛소문과 거짓말까지도
빛 고운 튀밥으로 튀기고 싶다

빗나간 화살

가슴 벅차던 새해도 가고
또 저물어가는 서산
해넘이 사이에 섰다

곰곰 살아온 길
뒤돌아보면 뉘우침이 더 많다

꽃을 대하듯 삶을 향기롭고
아름답게 사는 일이 어렵다

년초에 세워보는 수많은 다짐
나쁜 습관은 버리고
장점을 살려가며
서로 아끼고 사랑하며
계획대로 살고자 하나
삶은 언제나
과녁을 빗나간 화살 같다

반려견

내 식구같이 보살펴야 함에도
끝까지 가지 못하는 마음이
반려견을 거리로 내몬다

그들에게도 존엄한 생명과
보호 받아야 하는 삶이 있다
개와 인간의 관계는
어느 동물보다 상생의 인연이 깊다

반려견과 끝까지 갈 수 없다면
즉흥에 끌려 기르지도 말며
버리지도 말아야 할 것을

사회 문제가 되고 있는
유기된 반려견들의 반란
믿음이 깨진 인간에게 돌아오는
무서운 진실을 어이하련가

거미줄

누군가 걸려들어야 한다
꽁무늬의 실크 그물을 뽑아
허공에 던져진 어장

거미가 먹이를 기다리는 동안
고요함을 엮은
은빛 어망이 출렁출렁
봄날의 호랑나비는
생애 찬란한 날개를 달았다는
승승장구한 기쁨도 잠시
거미줄에 스스로 몸을 감았다

설산에 묻고

먼 산정이 그리워 마음에 병이 되었다
그 먼 나라에 가야 한다고
에베레스트에 오르던 친구야
험준하고 칼날 같은 빙벽도
결코 장애가 될 수 없었던
눈덮힌 하늘 지붕은 눈이 시리도록 선명하고
산은 오름을 거부하는 듯
저 높은 곳을 향해 가는
너의 꺾이지 않는 의지
간절한 기원이였을까
산짐승의 아가리 같은
절망의 크레바스에 빠져
친구야 그렇게
설산에서 영원히 잠들었구나

장돌뱅이

날마다 동서남북 분주하게
세상 떠도는 일이 좋아서
시골 장터마다 장돌뱅이
역마살 든 애마들이 달린다

북치고 장구치는 삐에로
눈물 콧물 훔치며
발장단에 북을 치며
더 이상 바보스런 표정으로
억매임 없는 무한 자유

방랑의 길 위에서
먼 구름 따라
밤 하늘 별을 쫓아
한세상 유랑의 허공
떠돌이 별로 산다

바리케이드

붉은 깃발 나부끼고
둥둥 북소리 들리는
시청 후문의 봄은
늘 춘투의 농성장이다

맞부딪히는 두 힘
머리띠에 어깨띠를 두르고
싸움소처럼 달려들며
함성소리 점점 높아가고

더 이상 접근금지
인간 울타리를 치지만
분노의 목소리는
바리케이드를 넘는다

사람이 무섭다

어제의 동지가 오늘의 원수로
아버지가 딸을 죽이고
자식이 아버지를 죽이는 세상

어제의 당신이 남남으로 돌아서고
스승이 제자를 성폭행하는
제자가 스승을 구타하는
작금의 현실이 통탄스럽다

무엇을 생각하며 사는지
삶의 가치관이 무너진 오늘날

포효하는 살생의 육식을 즐기는
짐승보다 사람들이 무섭다.

안락사

병원 신세를 진 사람은 안다
모든 고통에서 벗어나
죽음을 원하기도 한다는 걸
생과 사를 넘나드는 중환자실에서
식물인간의 판정을 받고
호스에 생을 연명하며 살다
회복이 어려운 환자는
안락사를 선택하기도 한다
죽을 수 있는 인권
인간의 권리와 존엄 앞에
가족들은 묶여 있던 병상에서
육신을 자유스럽게 놓아주며
영혼을 편히 떠나보낸다

장애

바윗돌 같은
무거운 바람이
앞을 가린다

정상인들이 바라보는
부정적 시선들을
벗어나기 힘들어
참으로 감당하기가
힘난한 가시밭길 같다

몸의 장애는 살아가는데
단지 불편할 뿐
죄가 되지 않는다

손과 발이 되어 함께 가는 세상
편견없는 건강한 사회는
아름다운 긍정의 배려만이
삶에 희망과 용기가 솟아나리라

숨비소리

물 밑의 부표를 띄우고
태왁에 몸을 의지한 채
바다에 뛰어든 해녀 할머니

고단한 삶의 현장
푸른 바다가 집이란다

생과 사의 경계를 오가며
전복 따고 소라 따는
해저 깊숙이 납덩이 짓누르는
날숨의 호흡을 참으며
솟아오른 해면에서
가슴 깊숙이 휘이익 휘이익
외마디처럼 질러보는 숨비소리
바다 물살보다 더 가쁘다

담배꽁초

누가 몇 모금
걱정을 빨다 갔을까
누가 몇 모금
한숨을 빨다 갔을까

길모퉁이 가로등 밑에
꽁초가 수북히 쌓여 있다

하늘을 찌를 듯한 분노도
울화통 터지는 세상도
소금보다 짠 상사의 눈물도
남몰래 돌아서서 비벼 끄고

연기처럼 사라지는 복잡한 생각들
태워버린 소멸의 시간들
때로는 달콤한 당신의 휴식이
그 속에 들어 있었네

마중물

편리한 수도꼭지에 밀려난
펌프 양수기라는
먼 기억 속에서
잊혀져가는 이름이
마당 어귀에서 녹슬어간다

마중물 한 바가지 들이키고
손잡이를 오르내리면
신기하게도 물길을 빨아올려
푹푹 쏟아내던 지하수

여름날 등목 시원하게
몸의 열기를 식혀주던
펌프질을 해보며
언제나 목마른 당신의
마중물이 되고 싶다

바람의 그림

소 몰고 돌아가던
노을진 밭두렁 길

연둣빛 보리가 출렁이는
풍경과 마주서면
은빛 이삭들이 파도를 탄다

바람의 터치를 따라
보리밭을 캔버스 삼아
부드러운 파스텔톤으로
그림을 그린다

장다리밭 넘어오는
시원한 바람의 그림을

흔적

봄바람이 허공의 모서리에
걸어두고 간
꽃잎의 입술들은
봄날의 이별을 고하며
그대 추억하는 가슴에
뜨거운 화인을 남겼는가
영롱한 이슬은
진주빛 눈물을 적시고
감미로운 비의 속삭임은
그리움을 견디며
거미줄에 수 놓고 떠난
찬란한 봄날의 흔적이여

4부
발자국

풍경소리

산사의 처마 끝에
물고기 한 마리 걸렸다

살생을 금하는
스님도 부처님도
속세에 비린내 나는
물고기를 걸어두고
도무지
물 속에 놓아주질 않으니

평생을 물에서 쫓겨난 물고기
절집 허공에 매달여
땡그렁 땡그렁
불공을 드린다

따뜻한 아랫목

함박눈이 내린다
얼큰하게 술에 취해
기분좋게 시를 읊으시며
골목길로 들어선 아버지의 모습이
흩날리는 눈발 속에 어른거린다

어머니는 아버지를 위해
밥그릇에 밥을 수북이 담아
아랫목 이불 속에다 묻어두고
밥상머리에는 밥보자기가 덮혀 있었다

호롱불 아래 형제 자매들은
배를 깔고 엎드려 귀신놀이를 하거나
장난을 치곤했다
잘 먹고 잘 살지 못했던 시절이었지만
삶의 온기가 남아있는
따뜻한 아랫목이 아직도 그립다

정월대보름 추억

어린시절 정월대보름
쥐불놀이를 하던 날은
밤 잠자리에 꼭
솜이불에 지도를 그렸다

그런가 하면
마을 사람들은
평소 소원했던
갈등을 모두 접고
귀밝이술을 마셔가며
한바탕 벌이던 윷놀이는
대동화합의 자리였다

이제는 볼 수 없지만
그 당시 논두렁을 태우며
풍년을 기원하던 농부들의
모습은 아름다운 내 어린
추억으로 남아있다

난을 치며

수묵의 붓을 들고
여백의 화선지 위를
나비 날개처럼 움직이면
난초잎이 파릇이 돋아난다

어느새 작고 날렵한
잎새들이 한데 어우러져
가녀린 꽃대 하나가
긴 목을 뽑아 올리고

고매한 난초 향기
바람타고 하늘을 수 놓는다

정자나무 그늘 아래

명아주 지팡이 짚고
봄 마실 꽃 마실 나와
세 발로 걷는 어르신들

자식들 기다리던
정자나무 그늘 아래
할미꽃처럼 깜빡 졸다

꿈길에서
반가운 피붙이
딸 아들 만났는지
빙그레 웃고 계신다

맷돌

하늘과 땅이 맞붙어야
돌아가는 맷돌에
아뿔사
어처구니가 없다면
어이가 없는 일이다
갈리고 갈아내는 작업
육중한 돌의 회전판
반복되는 무게의 시간에
돌 틈 사이로 흘러나오는
부드러운 먹거리들을
하얗게 쏟아내던 맷돌
지금은 믹서기에 밀려나
꾹 누른 침묵의 표정
바쁜 옛일이나 기억하는지

빨래

햇살 바람 고운 날
지치고 고단했던 두 다리
빨랫줄에 널려 쉬고 싶다

상처의 무게에 푹 젖어
온몸으로 허우적거리다
넘어질 듯 서 있는
바지랑대 위에서
줄타기를 하고 있다
펄럭이는 깃발처럼

지푸라기

가을걷이 끝난 겨울 들녘
햇살을 안으며
하얀비닐 붕대를 칭칭감고
숙성된 시간 속으로 흐른다

땡볕과 장마 속에
초병처럼 서서 버틴 영글었던 지난 꿈
이제는 무서리 내린
찬 논바닥에 몸을 굴리며
바람과 햇살에 살을 말리는 초분
오라를 받은 죄인처럼
꽁꽁 묶여 곰삭은 맛
우공들의 맛난 되새김질에 단맛으로 돌아가
벼그루터기만 남은 텅빈 들녘
마른 눈물자국들 별빛처럼 반짝인다

단풍드는 내 얼굴

가을이다
내 젊음의 여름철이 지나버린
가을에 이르러 뒤돌아보면

내 걸어온 거리엔
실수의 발자국이 어찌 그리도
선명한 가을 이파리로 자국 찍혔는지
얼굴은 저절로 단풍빛 불그레
물이 드는 것만 같다

짧은 시 한 줄

어디서 한 두 방울
이슬들이 모여들어
비를 만나고 냇물을 만나
유장한 강물이 되는지

메마른 대지에 핀
하잘 것 없는 풀잎에
하얀 들꽃이라도 좋다

그대 마음 적셔줄
짧은 시 한 줄 이라도
강물처럼 흐를 수 있다면

전깃줄 오선지

겨울 철새들 다 떠나고
허공을 지나가는 길

전깃줄에 참새들이 앉아
한낮을 조잘거린다

포르릉 포르릉
이 땅에 텃새가 되어
배고픔도 함께 이겨낸 참새

따뜻한 음표와 쉼표
오선지 같은 전깃줄에
허수아비도 농부도
정이 든 새다

그리운 우물

마을마다 한 두 곳
우물이 좋았던 시절
아침 일찍 물지게를 지고
물을 긷던 옛일들이
흑백사진처럼 출렁인다

행여 지금도 있을까 하여
찾았더니 동네 아낙들의 자잘한 소문이
퍼져나간 옛 우물은 말랐고

어느새 물동이를 이던 처녀는
할머니가 되었다

펌프질

마중물 한 바가지 붓고
철커덕 철커덕 펌프질을 한다

뱃속에서 끌어올린 물을
왈칵왈칵 토해낸다

답답한 속내를
찬물로 식히기라도 하듯

국화차

가을 찬서리 맞고
피어난 산길 아래
길 가던 여인들이
국화잎을 따서 말린다

마주앉은 겨울 햇살
찻물 끓는 소리는 높고
향기롭던 계절 사이
그리운 얼굴
찻잔 속에 지난 가을
노란 꽃잎
하늘하늘 피어난다

발자국

썰물이 막 빠져나간
백사장 위에
발자국이 찍혀 있다

상처 딱지처럼
한쪽이 더 깊게 움푹 파인 자국

뒤뚱거리는 걸음걸이로
나처럼 아프게 걸어간 길이다

병실에서

비가 세차게 쏟아진다
병실 혼수상태에 빠진 어머니가
여기가 어디냐고 묻는다
타들어간 입술을 힘겹게 움직이며
계속 묻는다

누군가가 거짓으로라도
여기는 집입니다라고 말해 주기를
그러나 어느 누구도 아무말도 하지 않았다

병실 창문에 수천 개의 빗방울이
매달려 애원하고 있는 것처럼 보였다

홍수

사는 일 분수에 넘쳐도
여름날 물난리처럼 위험하다

강물은 제 갈 길로 흐르다
물길이 막히거나 둑이 터지면
몸을 불려 주위를 헤친다

예로부터 나라를 다스림도
치산치수가 근본이라는데
황토물이 범람하는 강가
매사에 넘치면 모자람만 못하니

수위조절 분노조절 흥분조절
언제나 적당한 한계선 두고
마음에 새기면서 살기를

폐가

집이라는 흔적을
고집스럽게 지키는 빈 집에
목련 한 그루
하이얀 새떼처럼 날아와
뚝뚝 흩어지던 봄도 가고

여름매미 울음소리 짙어
망초꽃 웃자란 깨금발로
삐걱 열린 방문을 기웃거린다

채송화 졸고있는 한낮을
바람이 데리고 떠난
민들레 홀씨 같은
낮달이 부풀다 이울고
창호지 뜯겨나간 문살
낡은 기억들이 삐걱거린다

아무도 돌아오지 않는

빈집 담장 아래 해바라기가
외면하는 해를 따라 나선다

석송

깎아지른 절벽을 물고
의지할 곳 없이
자란 외로운 솔
모진 비바람에
뿌리마저 흔들렸을까

꺾이고 굽은 등으로 살아
당당하게 시련과 맞서며
쪼개지는 돌 틈 사이
세속을 떠난 마음
아름다운 풍경으로 남아
천년 바윗돌을 뚫는다

바둑

사각의 링이다
한판 물러설 수 없는
흑과 백의 세계
허를 찌르는 한 수
양대진영으로 포진을 치며
꼼짝없이 포위된 포로들
뺏기도 뺏기기도 하며
살아남은 집의 숫자로
가로세로 줄 위에
침묵의 영토를 넓혀가는
인생 게임의 전쟁터다

5부

수화

첫사랑

첫사랑은
누구에게나 반수면 상태같이
몽롱한 환상이며
그 환상이 데려다주는
아지랑이 아롱대는
봄빛 밝은 세상이며
어지럼증 같은
꿈길을 걷는 기분

사랑이란

사랑이란
심폐소생술로 깨어난
심장박동 소리처럼 새롭다

뿜어내는 피의 혈류를 타고
그대 가슴에 큐피트의 화살로
꽂히는 아픔으로 시작된다

하트 잎의 사랑스러움
달콤한 무늬와 빛깔로
연분홍빛 사랑을 엮어가는
두 마음의 꽃 심지에
불빛은 은은히 점화되고
꺼지지 않는 마음으로
뜨겁게 타오르는
빛이 바래지 않는
들꽃이다

사랑의 실패

철없던 나이
풋사랑이든 아프고 아픈 짝사랑이든
실패로 끝났다는 사랑의 실패는
경험해 보는것도 유익하지 않을까

그렇다면 굳이
변심한 애인을 미워할 필요도 없고
더더구나 보복할 필요도 없으니
세상은 참으로 평화로워질 수 있으련만

반딧불 사랑

죽음을 두려워하지 않는 사랑
밤의 신호탄을 쏘아 올리는 반딧불이

어둠에 별빛처럼 반짝이는
반딧불이의 사랑
노란빛을 발산하며
그리움의 야광을 보낸다

암컷은 한 번
수컷은 두 번
이들의 사랑을 위협하는
어둠 속 거미줄에 걸린 반디
사랑의 덫 이었을까
걸려드는 수컷
못 이룰 사랑에
숲은 잠들지 못한다

버려진 사랑

차가운 베이비 박스에
맡겨진 갓난아이들

외국으로 입양가는
버려진 아가의 앞날이
가슴 아픈 오늘날

버림받은 세상을 원망하지 않고
민들레 홀씨처럼 날아
당당히 잘 살아낸 아이들

엄마의 나라를 찾아오는
입양아들의 사연들이
또 한 번 세상을 울린다

코리안 드림

젊어 고생을 사서라도
잘살아 보겠다고
방글라데시를 떠나
한국을 찾아온 그들
노동의 삶이 힘들어 보인다

저임금에 중노동을 참아내며
언어의 장벽에다
문화의 다른 차이
여러해를 만나지 못한
가족들 생각에 눈물을
훔치기도 하는 그들

원하는 만큼 벌어 건강하게
돌아갈 날은 언제인지

늙음의 설움

장수가 복이라는데
오래 살아서 가야하는
서러운 노인들

외로워서 쓸쓸해서
아픈 몸 친구 좋아
쉬운 대로 가는 곳이
요양병원 신세다

늙은이 모시는 일
힘들고 힘드는지
일 바쁘다는 핑계로
빈둥빈둥 놀면서

연세 높은 노부모
맡길 곳 있어 그렇게 좋은지

사랑하는 딸에게

사랑하는 딸아 오늘
그동안 너의 성장을 바라보던 분들을 모시고
축복을 나누는 이 순간 부모 품을 떠나
백년을 사랑할 배필을 만나 첫 출발하는
너의 모습이 꽃보다 아름답구나

이제 혼자가 아닌 평생 반려자로서
믿음직스럽고 든든한 신랑과 함께
사노라면 어려움이 몰아쳐도 참고 이겨내리라 믿는다

언제나 따뜻한 서로를 바라보고
사랑의 울타리 화평한 가정 속에서
힘들고 슬플땐 함께 헤쳐나가야 한다
찬란히 빛나는 다이아몬드처럼
부부의 도리와 의리를 다하거라

부족함은 함께 노력하면서 채우고
서로 존경하고 남편으로 아내로 의지하며

행복한 가정을 이루어가거라

서로에게 감사한 마음으로 기도하고
존경과 겸손으로 웃어른을 공경하며
사랑스럽고 귀여운 아들딸 낳아
새로운 가정에 소박한 꿈을 이루며
늘 건강하고 행복하게 살기를 간절히 바란다

햇반

여행을 떠날 때나 일상생활에 있어
갓 지은 즉석 밥이 나와
간편식의 세상이다

성가시게 밥을 하지않는
야외 캠핑장에서
낭만을 즐기는 시간이
길어졌다는 청춘들이다

언제나 냉장고에서
전자렌지로 따끈한 밥을 포개놓고
돌려먹는 요즈음

나 홀로 족의 식습관
햇반의 유통기한 6개월
설마 당신의 사랑도 편의점에서
구입하는 건 아니겠지요

낙엽 한 장

떨어져 누운
낙엽 한 장 주워본다
붉고도 붉은
아름다운 잎새 하나

저 타는 목마름으로도
타오르지 못한 불길을
제 가슴에
제 살에
제 뼈에 불질러
핏빛 환희로 나뒹구는
한 생명의 붉은 절규

수화

달리는 도시지하철 안에서
낯설지 않는 두 여인이
빠른 손짓과 표정으로
따뜻한 대화를 나누고 있다

차마 내뱉지 못하는
말들을 꿀꺽 삼키며
조용하게 잠겨있는 빈방 같은
두 귀를 닫고
열 손가락이 가르키는 그윽한
눈빛을 담아 말하는
살아움직이는 언어

그들의 소통에 끼어들어
사랑의 언어를 나누고 싶다

다림질

세상 살다 보면
구겨지고 무너진 자존심들
옷깃에 묻어 있다

먼지를 털어내고
얼룩들을 지우며
빨아야 하는 오명

아직은 열심히 살라고
아내가 연신 물을 뿌려가며
다림질을 한다

더운 혈기를 모아
새 옷처럼 깨끗하게

참기름

마른 깻단 같은 몸으로
기름기 없이 짜낸
깻묵 같은 손으로
참깨 농사를 지으신 어머니

찾아오는 자식들에게
참기름 한두 병씩
챙겨주신다

나무새 무쳐낼 때
고소한 방울방울
한여름 땡볕 어머니의 땀방울인지
과연 자식들은 알런지

입춘

사람들은 입춘이라 말하지만
입춘이 오는 것을 보지 못했네
뉘에게 물을 것인가
헐벗은 엄동설한
매화가 꽃망울 부풀리며
입춘을 대답해 주고 있네

초여름 밤에

도시의 일상을 잠시 벗어두고
신록이 무성한
고향집으로 돌아오면
향긋한 풋나무 향기가
지친 마음을 달래주고
미풍은 창문 가까이 서성인다

달무리진 밤하늘엔
별똥별이 내려와
호박꽃 노란 초롱에
풀벌레 우는 밤은
벗 하나 없어도 외롭지 않다

그렇게 자연 속에 묻혀
꿈같은 하룻밤을 보낸다

푸른 꿈

고향 떠나온 객지살이
살아보겠다고 발버둥 치며
치열한 인생살이 지천명의 오늘

뜬구름 같은 세월
삶의 고단한 노래에
너울너울 춤추던 일상

빛바랜 앨범 속에
흑백의 추억들을 불러오고
비상하는 한 마리 새처럼
푸드득 날지 못한
지난날의 푸른 꿈이여

자벌레

미터도 센티미터도 모른다
재단할 옷감에 자를 대듯
딱딱 치수를 재고 기어가는
자나방의 애벌레
몸을 옮길 때마다
둥글게 접히고 구부러진다
단숨에 건너뛸
발이 없다는 이유로
오체투지로 살았던
할애비가 그랬듯이
그도 그렇게 자를 대듯
전진할 수 밖에

잔소리

제 스스로 터득하거니 하다가
또 불쑥 해버린 내 말들이
간섭처럼 싫은 아이들
그만하지 싶다가도
그냥 지나치기엔 방관하는 것이
더 나쁠 수도 있다는 생각에
이리저리 가지를 걸치는
말의 잔가지를 자른다
사랑의 매같은 말들이
듣기 싫다가도 자식들에겐
피와 살이 되겠거니
염려하는 마음에 끼어들어
부자간 관계가 섭섭해도
자잘하게 일러주는 말
내 성장기 듣기 싫었던
잔소리 부모가 되어서야
그 말씀의 깊이를 헤아린다

토정비결

또 한 해를 맞이하여
심심풀이로 보는 토정비결
여색을 조심하라는 말에
과연 그런 기회나 오려나
그가 씨익 웃는다

가던 길이나 가지
한눈팔다가는
인생을 망치는 운수
젊은날 불타는 마음을
차가운 재처럼 싸늘하게
식혀야 하는 현실이 건조하고
때로는 야속하지만
바람을 피해 온 것이
만사 튼튼한 인생이다

황사

한반도 하늘에 황사가 몰려와
희뿌연 허공을 뒤덮는다
무엇을 판단하고 선택해야 하는지
한 치 앞이 보이지 않는다

시끄러운 세상
촛불 집회 태극기 집회
광장에서 벌어지는 나랏일이
황사처럼 혼탁하다
청명하다면 다 보일까
그것도 아닌 봄의 황사
마스크를 쓴 사람들이
구호를 외치는 거리에서
또 한 해의 역사가 저문다

해설

● 해설

삶의 애환과 서정

– 황인국의 시 세계

정진채(시인, 소설가, 동화가)

 황인국 시인이 두 번째 시집 「검정고무신 한 짝」을 낸다. 첫 시집 「엄마의 포도」를 낸 지 10년 만이다.

 황인국 시인은 《신춘문예》 1996년 가작, 계간지 《문학예술》 2006년 가을호에 시 「유년의 세월」과 「경부고속도로 중간지점에서」로 등단했다.
 등단 시의 심사위원으로 참여했던 필자는 황인국 시인의 시가 짜임새와 신선한 이미지로 주목을 받았다는 기억을 가지고 있다.

제2시집 「검정고무신 한 짝」은 제1부 '복사꽃' 제2부 '벽창호' 제3부 '담배꽁초' 제4부 '발자국' 제5부 '수화'로 나누어져 있다.

제1부를 살펴보자.

> 아들과 목욕탕엘 갔다
> 청춘에 힘이 남아도는지
> 얼마나 등을 빡빡 밀었으면
> 따갑고 쓰라린 통증에
> 밤잠을 못 이뤘다
>
> 정성껏 때를 민다는 것이
> 못난 애비에 대한
> 사랑의 표현이었을까
> 미움인지 고마움인지
> 등짝엔 때 아닌
> 복사꽃이 활짝 피었다
>
> — 「복사꽃」 전문

황인국 시인의 시는 소박하고 직설적이며 진정성이 짙어서 퍽 설득력이 있다. 아들에게 밀린 등이 얼얼한 대로 행복한 웃음을 피웠을 시인의 모습이 훤하게 떠오르는 것이다.

봄비 한 단 내린
어머니의 작은 텃밭에
한 뼘이나 자랐구나

언제나 대역 죄인처럼
칼끝을 들이대도
주저없이 자라는 용기
호기롭게 땅을 밀고 올라오는
무수한 생명들

― 「부추」 전문

  이 시를 보면 어머니의 작은 텃밭에 봄비가 부추 한 단 내리고 있다. 놀라운 표현이며 직설적 수법이 돋보이는 것이다. 칼을 바로 목전에 들이대도 주저 없이 자라는 부추의 용기를 흠모하고 있다.
  여기에 '고개를 숙이고 엎드려야 부추를 얻을 수 있다'라는 것과 이왕이면 부추꽃의 하얀 색깔과 어머니의 흰 머리칼을 비유하고 자식을 향한 가없는 희생도 곁들였다면 더 좋았을 것이다.

  제 2부를 보자.

내 고향 상주는
우리의 텃밭이요
보금자리입니다

내 고향 상주는
어머니의 품속처럼
푸근하고 든든한 안식처입니다

내 고향 상주는
우리의 맥박 속에
늘 그리움으로 살아 숨쉬는
내 삶의 심장입니다

내 고향 상주는

- 「상주는」 전문

  시인은 고향 상주를 '맥박 속에 살아 숨쉬는 삶의 심장'이라고 말하고 있다. 사는 곳과 방법에 따라 서로 조금씩은 다르겠지만 시인의 삶이 짐작되는 작품이다.

당장 쓰러질 듯 위태롭게 서 있는
흙집 주막 벽체에
부지깽이로 하나하나 금을 그어
빼곡히 표시한 외상장부
주모는 글을 몰라

김씨는 한 줄 박씨는 두 줄
한 잔을 외상하면 짧은 금을 긋고
한 주전자를 외상하면 긴 금을 세로로 그었다

보릿고개에 마신 술
가을추수에나 갚는 외상값
빛바랜 세월 주막 벽체엔
취기 어린 화색들 고스란히 남아 있다

─「외상장부」전문

 요즈음 세월에 주막 흙벽에 막대기로 그은 외상장부를 누가 어떻게 알까?
 이 오랜 서정을 간직한 시인에게 박수를 보내고 싶다. 이미 역사의 뒤안길로 사라진 이야기지만 그립기 짝이 없는 요즈음이다.

내가 뿌린 말의 씨앗들은
어디에서 싹트고 있을까

내가 뿌린 말의 씨앗들은
어디에서 꽃 피고 있을까

바람 타고 날아다니는 말들이여
구름 타고 떠다니는 말들이여

향기로운 꽃으로 피게 하소서
차가운 영혼으로 떠돌지않게 하소서
- 「말」 전문

말에 대한 경각심을 일깨우는 시다.

세상을 살아가면서 우리는 숱한 말을 입에 올리고 산다. 한마디 말이 남의 가슴에 못으로 박혀 평생 상처가 되기도 하고 반대로 좋은 말 한마디는 사람의 인생을 바꿀 수 있다.

말을 살아 있는 생명체라 생각하고 그것을 잉태하고 출산하는 일에 신중을 기해야 할 것이다.

제 3부를 살펴보자.

누가 몇 모금
걱정을 빨다 갔을까
누가 몇 모금
한숨을 빨다 갔을까

길모퉁이 가로등 밑에
꽁초가 수북히 쌓여 있다

하늘을 찌를 듯한 분노도
울화통 터지는 세상도
소금보다 짠 상사의 눈물도
남몰래 돌아서서 비벼 끄고

연기처럼 사라지는 복잡한 생각들
태워버린 소멸의 시간들
때로는 달콤한 당신의 휴식이
그 속에 들어 있었네

— 「담배꽁초」 전문

길모퉁이에 쌓여 있는 꽁초를 보면서 황인국 시인처럼 애연가에 대한 생각을 해보는 경우가 있을 것이다.

노년에 들면서 금연을 해버린 필자도 가끔은 꿈속에서 담배를 피울 때가 있다. 시작도 고생고생하였고 끊는 일도 고생고생하던 일이 새삼 떠오른다. 오래전 일이다.

걱정이 있거나 슬픔에서 벗어나기 위한 흡연은 아니었다. 그런데 시로 쓰여져 달콤한 당신의 휴식으로 떠오르는 것은 무슨 까닭일까?

어차피 이 또한 삶의 애환일 터이다.

소 몰고 돌아가던
노을진 밭두렁 길

연둣빛 보리가 출렁이는
풍경과 마주서면
은빛 이삭들이 파도를 탄다

바람의 터치를 따라
보리밭을 캔버스 삼아
부드러운 파스텔톤으로
그림을 그린다

장다리밭 넘어오는
시원한 바람의 그림을

– 「바람의 그림」 전문

초여름의 자연이 한 폭의 그림처럼 눈앞에 펼쳐지는 글이다. 문제는 이 그림을 그린 이가 누구인가인데 그게 바로 바람이라는 것이다. 황인국 시인에게 독자들이 설득 당해야 할 차례인 것이다.

제 4부는 '발자국'이 압권이다.

썰물이 막 빠져나간
백사장 위에
발자국이 찍혀 있다

>   상처 딱지처럼
>   한쪽이 더 깊게 움푹 파인 자국
>
>   뒤뚱거리는 걸음걸이로
>   나처럼 아프게 걸어간 길이다
>
>   － 「발자국」 전문

　소박하고 직설적이며 진정성이 남달라서 설득력이 강하다는 황인국 시인의 독백을 '발자국'에서 웅변으로 읽는다.
　백사장 위에 찍힌 발자국은 시인의 인생이며 그 발자국 중에 한 쪽이 움푹 파인 자국은 자신의 한 쪽 다리를 나타낸다. 장애를 딛고 선 시인의 아픔이 절절이 다가오는 구절이다.

>   겨울 철새들 다 떠나고
>   허공을 지나가는 길
>
>   전깃줄에 참새들이 앉아
>   한낮을 조잘거린다
>
>   포르릉 포르릉
>   이 땅에 텃새가 되어
>   배고픔도 함께 이겨낸 참새

> 따뜻한 음표와 쉼표
> 오선지 같은 전깃줄에
> 허수아비도 농부도
> 정이 든 새다
>
> ―「전깃줄 오선지」 전문

  텃새가 되어 배고픔도 농부와 허수아비들과 함께 이겨 낸 참새들을 이야기하고 있다.
  철새보다도 텃새를 이야기하면서 농촌의 애환에 마음을 주고 있다.

  제 5부를 보자.

> 달리는 도시지하철 안에서
> 낯설지 않는 두 여인이
> 빠른 손짓과 표정으로
> 따뜻한 대화를 나누고 있다
>
> 차마 내뱉지 못하는
> 말들을 꿀꺽 삼키며
> 조용하게 잠겨있는 빈방 같은
> 두 귀를 달고
> 열 손가락이 가르키는 그윽한

눈빛을 담아 말하는
살아움직이는 언어

그들의 소통에 끼어들어
사랑의 언어를 나누고 싶다

― 「수화」 전문

  지하철 안 두 연인이 수화로 사랑의 언어를 나누고 있는 모습에 시인은 빠져든다. 열 개의 손가락이 살아 움직이는 언어인 그 연인들의 순수가 직접 말로 하는 언어보다 맑게 느껴지는 것은 무엇 때문일까? 독자들도 시인의 뜻을 헤아려 볼 일이다.

마른 깻단 같은 몸으로
기름기 없이 짜낸
깻묵 같은 손으로
참깨 농사를 지으신 어머니

찾아오는 자식들에게
참기름 한두 병씩
챙겨주신다

나무새 무쳐낼 때
고소한 방울방울
한여름 땡볕 어머니의 땀방울인지

> 과연 자식들은 알런지
>
> −「참기름」전문

　어머니의 가없는 사랑을 자식들이 알기나 하는 것인지 시인은 퍽 염려스럽다. 마른 깻단 같은 몸, 기름기 하나 없는 손으로 농사를 지으신 어머니의 참기름 방울방울을 알기나 했으면 좋겠다는 안타까운 마음이 시인의 마음이다.

　한마디로 말해서 소박하고 직설적이며 진정성이 짙은 황인국 시인의 시는 독자를 설득하는 힘이 있다.

　널리 멀리 오래 그 힘이 펼쳐지기를 진심으로 빈다.